Fohlen
Tiergeschichte mit vielen schönen Fotos

Text:
Sabine Oliver
Foto:
Heike Seewald

Buch Nr. 3
aus der Serie
Tierbücher

Ein Tierbuch von

In diesem Frühjahr gab es ein besonders hübsches braunes Fohlen auf dem Gestüt draußen vor der Stadt. Die Kinder des Bauern, dem das Gestüt gehörte, hatten es „Winnetou" genannt. Sie wünschten sich, daß ein besonders starkes und mutiges Pferd aus ihm werden sollte. Ein richtiges Indianerpferd!
Aber bis jetzt war Winnetou scheu und ängstlich. Er verließ den Stall nur in Begleitung seiner Mutter. Er mußte ihre Wärme spüren und ihren Geruch. Dann fühlte er sich sicher.
Aber dann kam der Tag, an dem Winnetou morgens aufwachte und die Box neben sich leer fand.
Wo war seine Mutter?
Er wieherte ängstlich. Da kam der Stallbursche.
Er bürstete ihn, säuberte seine Hufe, packte ihn an der Mähne und führte ihn auf die Wiese hinaus . . .

Plötzlich stand Winnetou mutterseelenallein auf der großen Wiese. Er fürchtete sich. Er wußte nicht genau, wovor. Vor der unendlichen Weite? Vor der Einsamkeit? Oder hatte er Angst, sich zu verlaufen? Jedenfalls rührte er sich nicht vom Fleck. Der Pferdebursche war inzwischen wieder in den Stall zurückgegangen, um die Boxen sauberzumachen und nach und nach die anderen Pferde auf die Weide zu führen.
Aber das wußte Winnetou nicht. Er fühlte sich von allen verlassen. Wie ein Denkmal stand er da. Ängstlich sah er sich um.
Was war der dunkle Fleck da neben ihm?
Er bewegte sich, wenn er sich bewegte und war still, wenn auch er still stand.
Winnetou fürchtete sich vor seinem eigenen Schatten! Und als jetzt noch ein Hase auftauchte und vor ihm Haken schlug, erschrak er so, daß er zum Stall zurücklief, so schnell er konnte.

Bei den Weidenbäumen traf er auf den Schimmel Sandokan, der gerade aus dem Stall trabte.
„Hallo, Winnetou! Wo kommst du denn schon her?"
„Von . . . von der Weide!" sagte Winnetou schnell und er war froh, daß Sandokan nicht früher gekommen war und gesehen hatte, wie er vor einem kleinen Hasen ausgerissen war.
„Und wohin willst du jetzt?"
„Ich will . . . es ist . . . meine Mutter ist nicht da!" stotterte Winnetou verlegen.
„Natürlich — und da ist es dir langweilig! Das ist doch sonnenklar!" sagte Sandokan.
„Wie gut, daß er nicht gemerkt hat, daß ich so Angst habe!" dachte Winnetou erleichtert. Sandokan war eines der angesehensten Pferde im Stall und seine Mutter sprach mit Respekt von ihm. So wollte Winnetou auf keinen Fall, daß er einen schlechten Eindruck von ihm bekam. Sandokan sah ihn an und sagte: „Ich will ein paar Runden auf der Reitbahn laufen. Sie ist ganz leer. Willst du mitkommen?"
„Gern", sagte Winnetou.

Winnetou hatte schon manchmal mit seiner Mutter den anderen Pferden zugesehen, wenn sie auf dem Reitplatz an der Longe liefen und mit Kindern auf dem Rücken Schritt, Trab und Galopp übten. Es hatte immer sehr leicht und lustig ausgesehen. Auch wenn sie über die kleinen Hürden sprangen.
Aber jetzt, als Winnetou mit Sandokan den abgezäunten Sandplatz betrat, hatte er auf einmal ein komisches Gefühl im Bauch. „Lauf mir einfach nach und tu immer, was ich tue", riet ihm Sandokan. „Du wirst sehen, es ist ganz einfach."
Das war es auch.
Bis Sandokan auf die Idee kam, über eine der kleinen Hürden zu springen. Zwar nahm auch Winnetou einen Anlauf, wie er es getan hatte. Aber kurz vor dem Hindernis bremste er so scharf ab, daß der Sand staubte. Ruckartig blieb er stehen. Plötzlich hatte ihn wieder aller Mut verlassen!
„Wie dumm von mir!" sagte Sandokan. „Ich hätte wissen müssen, daß du noch zu klein dafür bist!"

Winnetou war ziemlich unglücklich. Kein Pferd der Welt hatte es gern, wenn ihm etwas mißglückt. Und die Hürde war wirklich ganz niedrig. Warum hatte er sich nur nicht getraut?
„Mach nicht so ein Kummergesicht!" sagte Sandokan und gab ihm einen freundschaftlichen Nasenstüber.
„Bestimmt wird es dir mehr Spaß machen, mit anderen Fohlen auf der Wiese herumzutollen, als hinter mir über die Reitbahn zu rennen, nicht wahr?"
Winnetou wußte nicht was er sagen sollte.
„Du hast doch sicher Freunde, oder?"
Winnetou schüttelte traurig den Kopf.
„Ich hab doch meine Mutter!" sagte er.
„Das ist für ein Fohlen nicht genug. Du mußt auch Freunde zum Spielen haben! Weißt du was? Lauf doch zu Safran und Grauschimmel! Sie grasen dort drüben auf der Teichwiese!"

Winnetou sah die beiden Fohlen sehr wohl. Aber um nichts auf der Welt wäre er alleine zu ihnen hingelaufen.
„Ich hab Angst!" sagte er und im gleichen Augenblick tat es ihm leid, daß er das zugegeben hatte.
Aber der kluge Sandokan verstand ihn sofort:
„Ich habe auch manchmal Angst", sagte er. „Das ist keine Schande. Weißt du was, ich begleite dich. Dann ist es leichter. Du wirst sehen, sie freuen sich, wenn du kommst!"
Winnetou folgte nur zögernd. Noch nie hatte er mit fremden Fohlen gespielt. Safran und Grauschimmel kamen ihm außerdem schon so groß und stark vor. Die wollten bestimmt nichts von ihm wissen!
Aber Sandokan behielt recht:
die beiden freuten sich über den neuen Spielgefährten.
„Na klar! Komm doch her!" sagte Safran, als Sandokan die drei miteinander bekannt gemacht hatte. „Uns wird bestimmt etwas Verrücktes einfallen. – Weißt du zum Beispiel, wie man ein Rollerfäßchen macht?"
„Ein Rollerfäßchen? Was ist das?" erkundigte sich Sandokan.

Winnetou war erleichtert, daß Sandokan auch noch nichts von diesen komischen „Fäßchen" gehört hatte.

„Paß auf, ich mach's euch gleich vor!" sagte Safran bereitwillig. Dann ging er in die Knie, legte sich auf die Seite, auf den Rücken und rollte wie ein Faß ein paarmal um die eigene Achse.

„Das sieht wirklich zum Kugeln aus!" sagte Sandokan.

„Es ist keine Kunst!" sagte Safran. „Außerdem ist es ein schönes Gefühl, sich im Sand zu wälzen. Besonders, wenn es ein wenig bergab geht, wie hier. Es kribbelt so schön im Fell —, wie beim Striegeln."

„Das kann ich auch!" sagte Grauschimmel und dann wälzte er sich mit Safran um die Wette im Sand.

Das sah so komisch aus, daß Winnetou vor Vergnügen wiehern mußte.

„Probiers doch auch mal!" ermunterten die beiden das Fohlen. Aber dazu fehlte Winnetou noch der Mut.
„Dann wollen wir jetzt was anderes spielen!" schlug Safran vor.
„Wie wär's mit Fangen? Oder mit dem Grashalmspiel und dem Weidenspiel?" rief Grauschimmel.
Winnetou sah dei beiden ratlos an. Solche Spiele kannte er nicht.
„Du mußt es ihm erklären!" sagte Safran.
„Beim Grashalmspiel geht es darum, wer den längsten Grashalm findet. Und das Weidenspiel haben wir auch selbst erfunden: man muß unter der Trauerweide durchlaufen ohne anzustoßen!"
„Ich glaube, das Weidenspiel gefällt mir", sagte Winnetou. Schließlich war er der Kleinste, und unter der Weide durchzulaufen war für ihn ein Kinderspiel.
„Ich denke, jetzt kann ich die drei allein lassen! Sie amüsieren sich gut", dachte Sandokan zufrieden.

Die Fohlen bemerkten gar nicht, daß Sandokan gegangen war.
„He! Wißt ihr was?" rief Grauschimmel auf einmal.
„Wir sollten noch andere Fohlen holen. Dann machen wir ein richtiges Wettrennen, wie die großen Pferde am Sonntag!"
„Ich möchte lieber Verstecken spielen!" sagte Winnetou.
Und er wunderte sich selbst, woher er plötzlich den Mut nahm, eine eigene Meinung zu haben.
„Na, unser Kleiner sagt ja auch mal was!" rief Grauschimmel überrascht.
„Wir sollten ruhig auch mal machen, was *er* will", warf Safran ein.
Winnetou scharrte verlegen mit seinem rechten Vorderhuf im Gras und legte ein Gänseblümchen frei.
„Nun, wenn du meinst . . ." sagte Grauschimmel. „Dann spielen wir eben erst Verstecken und dann Wettrennen. Einverstanden?"
Winnetou durfte sich als erster verstecken.
„Winnetou? Winnetou? Wo steckst du bloß?" riefen die beiden und begannen zu suchen.

Mindestens dreimal trabten sie an dem Gestrüpp vorbei, hinter dem sich Winnetou ganz flach auf den Boden gelegt hatte. Wie ein richtiges Indianerpferd.

„Da bin ich!" rief Winnetou schließlich vergnügt und kam von selbst aus dem Versteck.

„Wir hätten dich nie im Leben gefunden!" beteuerten die beiden. Oder wollten sie dem Kleinen bloß nicht den Spaß verderben?

„Jetzt wollen wir das Wettrennen machen!" sagte Grauschimmel. „Ich rufe noch meinen Bruder Fränzi. Der ist zwar nicht größer als du. Aber ein guter Läufer und Hürdenspringer!"

„Fränzi, Fränzi!" wieherte Grauschimmel. Und es dauerte gar nicht lange, dann kam ein zweites Grauschimmelfohlen aus der Richtung der Stallgebäude angetrabt.

„Er ist sogar kleiner als ich!" dachte Winnetou erleichtert. Sie beschnupperten sich und dann sagte Safran:

„Geht auf die Plätze. Der Graben zwischen den Weiden und der Buche soll unsere Startlinie sein!"

„Wer zuerst am Apfelbaum ist, hat gewonnen!" sagte Grauschimmel und dann gab er das Startkommando:

„Achtung, fertig, los!"
Schon galoppierten alle so schnell sie konnten über die Wiese. Bis auf Winnetou stürmten alle hinter Grauschimmel her.
„Nanu, die laufen ja zum Birnbaum!" wunderte sich Winnetou und lief als einziger zum Apfelbaum. Denn wie ein Apfelbaum aussah, das wußte er genau. Seine Mutter hatte es ihm viele Male erklärt, weil er nämlich unter einem Apfelbaum zur Welt gekommen war.
Alle lachten, als sich herausstellte, daß Grauschimmel einen Birnbaum für einen Apfelbaum gehalten hatte und daß Winnetou der Sieger war.
„Man muß eben auch mit dem Kopf und nicht nur mit den Beinen laufen", sagte Safran.
Das machte Winnetou ganz stolz. Plötzlich hatte er keine Angst mehr. Und als die drei davongaloppierten und dabei vergnügt über Baumstämme sprangen, sprang er einfach hinterher.
Sandokan sah es von Weitem und dachte:
„Sieh mal an! Und heute Morgen hatte er noch Angst vor einer winzigen Hürde!"

ISBN 3-8144-0563-3
© 1980 by Pelikan AG · D-3000 Hannover 1
Alle Rechte vorbehalten
Gesamtherstellung: westermann druck, Braunschweig
Printed in Germany